文化	世界の動き	西暦
		1900
1901 与謝野晶子『みだれ髪』		
滝廉太郎『荒城の月』		
1905 夏目漱石『吾輩は猫である』		
1907 田山花袋『蒲団』		
1908 斉藤茂吉『アララギ』創刊		
1910 石川啄木『一握の砂』		
武者小路実篤『白樺』創刊		
1911 北原白秋『思ひ出』	1911 アムンゼン、南極点初到達	
1914 高村光太郎『道程』		
1916 河上肇『貧乏物語』	1917 レーニン『帝国主義論』	
1919 武者小路実篤『友情』		
		1920
1921 志賀直哉『暗夜行路』	1921 シュバイツァー『水と原生林のはざまにて』	
1923 井伏鱒二『山椒魚』		
1924 築地小劇場完成		
谷崎潤一郎『痴人の愛』	1924 中国＝第1次国共合作成立	
1925 ラジオ放送はじまる		
山田耕筰、日本交響楽協会結成		
1926 川端康成『伊豆の踊子』		
1927 山田耕筰『赤とんぼ』	1928 フレミング、ペニシリンを発見	
1936 堀辰雄『風立ちぬ』		
1937 山本有三『路傍の石』	1939 第2次世界大戦	
1941 高村光太郎『智恵子抄』	(―1945)	
	1945 ヤルタ会談 国際連合成立	
1947 学校教育、六・三・三・四制になる		
太宰治『斜陽』		
1949 湯川秀樹、ノーベル物理学賞受賞	1950 アメリカ＝マッカーシズム	
林芙美子『浮雲』		
1953 テレビ放送はじまる	1953 ソ連水爆保有を発表	
梅原龍三郎『噴煙』		1960

目　次

与謝野晶子	文・浜　祥子 絵・鮎川　万	6
石川啄木	文・浜　祥子 絵・鮎川　万	20
寺田寅彦	文 有吉忠行　絵 木村正志	34
吉田茂	文 有吉忠行　絵 木村正志	36
河上肇	文 有吉忠行　絵 木村正志	38
滝廉太郎	文 加藤貞治　絵 鮎川　万	40
小山内薫	文 有吉忠行　絵 鮎川　万	42
斉藤茂吉	文 浜　祥子　絵 浜岡真一	44
高村光太郎	文 浜　祥子　絵 鮎川　万	46
志賀直哉と 武者小路実篤	文 浜　祥子　絵 浅川やす子	48
山本五十六と 東条英機	文 有吉忠行　絵 浅川やす子	50
北原白秋	文 有吉忠行　絵 浅川やす子	52
谷崎潤一郎	文 有吉忠行　絵 浅川やす子	54
山田耕筰	文 有吉忠行　絵 浅川やす子	56
山本有三	文 有吉忠行　絵 浅川やす子	58
梅原龍三郎	文 吉田　健	60
読書の手びき	文 子ども文化研究所	62

せかい伝記図書館　35

与謝野晶子
石川啄木

いずみ書房

与謝野晶子
よさのあきこ
(1878—1942)

大たんな表現で、愛と自由をうたいあげた、近代短歌史上随一の情熱の女流歌人。

● 駿河屋のいとはん

「駿河屋のいとはんは店番しながら本ばっかり読んでいる。かわったいとはんや」

堺の町の人はそういって、駿河屋のむすめ晶子のことをうわさしました。

駿河屋は堺でも名高い菓子問屋。京都や大阪にもその支店があり、駿河屋のねりようかんは関西では知らない人のない名物でした。

晶子は13、4歳のころから、ようかんを包んだり、和菓子を箱にならべたりして、よく父を手伝いました。

駿河屋の長男は家の商売をきらって東京の帝国大学に進学しました。弟はまだ小さくて役に立ちませんし、母は妹たちの世話で忙しくしているので、しっかりものの晶子を父は頼りにしていました。晶子はそろばんが

得意で計算がはやいので店のしごとをどんどんこなし、女学校を卒業するころには父の片うでとなって店をきりもりするまでになりました。

● うたをよむたのしみ

　父親の宗七は、若いころ文学が好きだった人で、倉のなかにはそのころ読んだ本がたくさんありました。晶子はしごとのあいまをみつけては、それらの本を手あたりしだい読みふけりました。
　　長持ちのふたの上にてもの読めば
　　　　　倉の窓より秋の風吹く

うす暗い倉のなかで大きな物入れのふたに腰かけて、むちゅうで本を読んでいる少女のすがたが見えるようです。晶子がこのころ読んでいたのは『源氏物語』でした。光源氏の恋物語は駿河屋のいとはんの心をすっかりとりこにしてしまいました。
「わたしの源氏の君は、いつあらわれるのかしら……」
　長い長い物語を読んでしまうと、つぎは和歌集です。むずかしくて意味の解らないところもたくさんあります。そんなところは、どんどんとばして読んでいきます。
　晶子は、そのうち新聞の歌のページを読む楽しみを覚えました。新聞に載っているのはむかしの歌ではなくて、いま、晶子と同じ時代に生きている人の歌ですから、ときどき晶子の気持ちをぴったりいいあてているような歌にであうことがあるのです。この歌をみつけたときにもとても心うたれました。

　　春あさき道灌山のひとつ茶屋に
　　　　　　もち食う書生はかまつけたり

　はかまをはいた学生が、茶店でもちを食べているというだけの歌です。それなのに、のどかな茶店の情景が目にうかんでくるような強い印象をうけます。
「なんてすなおな歌なのでしょう。こういう歌ならよくわかるし、わたしにも作れそうな気がするわ」

　この歌を作った人は、まだ24歳の若い詩人で与謝野鉄幹といいました。『東西南北』『天地玄黄』という2さつの詩集をつづけて出し、急に有名になった人です。
　鉄幹の歌に刺激されて、晶子は、こっそり歌を作るようになりました。そして、堺に歌人のグループがあるのを知ると、さっそく入会し『よしあし草』という雑誌に、はじめて詩や歌を発表しました。

● 鉄幹というひと

「これからの短歌は、現代の人間の感情をうったえる短い詩でなければならない」といって新しい短歌の運動を

すすめていた鉄幹は、東京に新詩社を作り、1900年（明治33年）『明星』という雑誌を創刊しました。

　鉄幹といえば、あの「もち食う書生」という歌をみてから晶子がひそかに尊敬している詩人です。

　晶子は、さっそく『明星』の同人になりました。

「わたしみたいなものの歌でも、のせてくれるのかしら」

　あれこれまよいながら、晶子は自分の気にいっている歌を7首えらんで『明星』に送りました。

　するとどうでしょう。つぎの号に、晶子の歌が6首も載ったのです。晶子はうれしさのあまり、それからたてつづけに『明星』に歌を送りました。

　それにこたえて、鉄幹からも、はげましの手紙がたびたびくるようになりました。

●はじめての恋

　『明星』の同人を関西の方にも、もっと広めたいと思っていた鉄幹は、講演をたのまれたこともあって大阪にやってきました。

　晶子はその講演を聞きに行き、そこで初めて鉄幹に会いました。そして、一目で鉄幹に恋をしてしまったのです。「源氏の君」にやっとめぐり会えたのでした。

　鉄幹を恋するようになってから『明星』に送る晶子の

歌は、そのまま鉄幹への恋文でした。晶子の歌は、目をみはるほどの勢いで上達していったのです。
　若い情熱の詩人鉄幹に好意をよせる女の人はたくさんいました。しかし、その気持ちを言葉ですなおに表現し行動したのは晶子ただひとりです。

●みだれ髪

　鉄幹が妻と別れたことを知った晶子は、いてもたってもいられず、東京行きの列車にとび乗りました。
　父を捨て、母を捨て、駿河屋を捨て、堺の町を捨ててひたすら鉄幹のもとに走ったとき、晶子は23歳、鉄幹

は28歳という若さでした。

　このはげしい恋のなかで、晶子は、つぎつぎに大胆で美しい短歌を作っていきました。歌はまとめられ『みだれ髪』という歌集として出版されました。『みだれ髪』では、鳳晶子と名のっています。鉄幹とはすでに夫婦でしたが、世間的にはまだ、東京に留学中の女弟子ということになっていたのです。与謝野晶子と名のるようになったのは、この年の秋のおわりころからです。

　『みだれ髪』を読んで、世の中の人はびっくりしました。恋や愛をこんなに大らかに歌いあげた歌人はいままでいなかったからです。

　若い人たちは、晶子こそ自分たち青春の代弁者だと熱狂しました。古い道徳でこりかたまった人たちは「けしからん。口にするのもけがらわしい」とののしりました。

　鉄幹が『明星』を発行したとき望んでいたことは、形式ばかりにこだわり、心がなくなってしまっている日本の詩歌に、もっとみずみずしい、血の通った情熱をとりもどしたいということでした。それがいま、女弟子であり新妻である晶子によって、みごとに果たされたのです。

　『明星』の文学運動は『みだれ髪』が出るとますますさかんになり、新詩社には、才能ゆたかな若い詩人たちが、ぞくぞく集まってきました。北原白秋、高村光太郎、吉

井勇、石川啄木など、のちに立派な作品を残した人たちが、新詩社で育てられたのです。そのなかで、与謝野晶子は女王のような存在になっていきました。

● 貧しいけれど豊かな日び

　歌集は売れましたが、お金は『明星』を出す費用にほとんどつかわれてしまいます。翌年（明治35年）には子どもが生まれ、生活は苦しくなるばかりです。しかし貧しいのは与謝野夫妻ばかりではありません。そのころは、文学をやろうとする人たちみんなが貧しかったのです。
　そういう若ものを集めて、ごちそうするのが晶子は好

きでした。きものや帯を質に入れて、その日の米を買い夕飯のやりくりをする晶子が、1年前まで大きな菓子問屋のおじょうさんだったとは、誰が想像できたでしょう。

貧しいことなど、晶子は少しも苦になりませんでした。

鉄幹をはじめ、おおくの文学なかまといっしょになって歌の勉強にあけくれる毎日がたのしくてならなかったのです。そうした生活のなかで、次男が生まれ、第2歌集『小扇』も出版されました。

● 君死にたもうことなかれ

1904年（明治37年）2月、日本は旧ロシアと戦争をはじめました。

国民のなかには、戦争に反対する人たちもいました。

政府は、ロシアにたち向かわなければ、やがて日本は占領されてしまうと、新聞などで国民にうったえました。戦いは、日本が優勢だったので国民は、だんだん戦争にむちゅうになっていきました。

駿河屋のあとをついでいた弟も、戦地にかり出されていきました。弟が戦っているのは旅順というところで、そこの城を攻めおとすために何万という兵隊が戦死していったのです。

駿河屋では、父を亡くしてめっきり年老いた母と、結

婚してまもない弟の妻が、弟の無事をひたすら祈っています。
「死なないでおくれ。無事にもどっておくれ」
 弟を思う姉の気持ちを、晶子はそのまま詩にして『明星』に発表しました。

　　ああ、おとうとよ、君を泣く
　　君死にたもうことなかれ
　　末に生まれし君なれば
　　親のなさけはまさりしも
　　親は刃をにぎらせて
　　人を殺せとおしえしや

人を殺して死ねよとて
　24までを育てしや

　堺の町のあきびとの
　旧家をほこるあるじにて
　親の名をつぐ君なれば
　君死にたもうことなかれ
　旅順の城はほろぶとも
　ほろびずとても、なにごとぞ
　…………

　戦争へ戦争へと国じゅうがかたむいていくときに「旅順の城なんかどうなったってかまやしない。親は、人を殺すためにおまえを24歳まで育てたんじゃないのだから、弟よ、ぜったい死んだりしちゃだめよ」というこの詩は晶子のさけびでした。
　これが発表されると、批難の声があちこちで起こり、与謝野家に石を投げこむものさえいました。
　大町桂月という評論家は「日本の国を思わない、きけんな考えを持った人だ。決して許せない」ときびしい批評を雑誌にのせました。
　晶子は、不思議でなりませんでした。命のきけんをおかして戦地で戦っている弟に「死んではいけないよ」

と姉の情をかけるのが、どうしていけないことなのでしょうか。

　　わざわいか尊きことか知らねども
　　　　　われは心を野ざらしにする

という晶子の歌があります。世の人がどんなにさわぎたてて、どうこう言おうとも、私は心のなかを全部さらけ出すというのです。それが晶子の詩や短歌を作る態度でした。

●不屈の精神

　日露戦争が終わるころから、『明星』派のロマン主義

はおとろえはじめ、若い詩人たちがこぞって新詩社を出ていきました。『明星』は、1908年に100号をもって廃刊になりました。鉄幹は失望し、そのときからペンネームをやめて、寛という本名を使うようになります。

　力のぬけてしまった夫を元気づけるために、晶子は寛をヨーロッパの旅に出すことを思いつきます。

「そんなこといったって……」

「だいじょうぶ。旅費はわたしがなんとかするわ」

　どんなに困ったことに出あっても「なんとかなる」そういって、晶子はいつも平然としていました。

　金びょうぶに自分の歌を百首書きこみ、それを友人や知人に買ってもらうことにしました。

　子どもたちは、筆をとる晶子のかたわらで、すみをすり、書いた歌の数をかぞえます。

　晶子のアイデアと実行力はたいへんなものです。あるとき、会に招かれたのに着ていくきものがありません。晶子は、ありあわせの無地のきものに、さっと金文字で自分の歌を書きつけ美しい模様にしてしまったのです。それは、とてもごうかで人目につき、まわりの夫人が、「わたくしにも」と頼みこむほどでした。

　家にどろぼうが入って、たいせつな衣類や本をぬすまれたときも、それを題材にして歌を作ったりしました。

● 偉大なしごと

　晶子は11人もの子どもを産み、自分の手で育てました。新詩社に集まってくる詩人たちの世話をし、自らも五万首を越える歌を作り、詩や評論も書き『源氏物語』をわかりやすく訳すしごとまでしています。
「文化学院」の創立にも加わり、古典の講義は病気でたおれるまでつづけています。
　1942年(昭和17年)春、夫の寛に7年おくれ与謝野晶子は64歳で亡くなりました。ひとりの女性が64年の人生で、これほどおおくの業績を残したことはおどろくばかりです。

いしかわたくぼく
石川啄木
（1886—1912）

貧困と病気に苦しみながら、真の文学を探しつづけ、短い生涯を燃焼させた永遠の歌人。

● 東北の文学少年

　1902年（明治35年）10月のすえ、東北線の上り列車に、ちいさなふろしきづつみを持った少年が乗っていました。はおりにはかまというすがたは、いかにもおとなびていますがやせた肩やひろいひたい、よく輝く目などまだあどけない感じさえします。

　盛岡駅から少年が乗ってきたときは、うっすらと日が暮れかかっていたのに、もう窓の外はまっくらです。ときどき遠くに町の灯が見え、ちらちらゆれていたかと思うと、またすぐにやみにすいこまれていきます。まわりの人たちは、それぞれのかっこうでねむっています。少年は、読んでいた本から目をあげると、窓の方に目をやりました。

　ようやく夜があけてきました。秋のさびしい那須野原

がかすかに明るんできたと思ったら、しずかに雨が窓をうちはじめました。窓ガラスに流れ落ちる雨のしずくを見ていると、少年はなんだか悲しくなってきました。ゆうべ別れてきたばかりの両親や友人、恋人のことを思い出したのです。少年は、それをふりはらうように胸をはってしせいを正しました。
「いやいや、感傷的になってはいかんぞ。ぼくは文学をやるために東京へ行くんだ。いまから弱気になってどうする。石川一よ、しっかりしろ！」
　―少年のひざの上には、与謝野鉄幹がだしている雑誌『明星』がありました。10月号に、はじめて少年の歌が

のったのです。詩人をこころざしている地方の文学少年にとってそれはたいへんなできごとでした。
「ぼくの才能がみとめられたんだ。一流の詩人と接してぼくはもっともっと勉強がしたい」
　そのためには東京に行くしかありません。もうすぐ中学も卒業なのに、その数か月でさえ待ってなどいられないのです。学校の授業にあきあきしていたようすは、つぎの歌からうかがえます。

　　教室の窓よりにげてただひとり
　　かの城あとに
　　寝にゆきしかな　　　　　　　（一握の砂）

　少年は、とうとう盛岡中学（いまの高校）を中退し、与謝野鉄幹をたよって上京しました。
　鉄幹は、一少年の「啄木鳥」の歌からとって、啄木というペンネームをつけてくれました。

● **最初のつまずき**

　啄木は、文学者として一人前になるまでは決してふるさとには帰らないというかくごで出てきました。別れぎわに、学校の仲間と記念撮影をしたことにもその固い決心がうかがわれます。
　しかし、３か月にしてその決意はくだけました。病気

になってしまったのです。アルバイトもできず、図書館に通う電車賃もなく、下宿代もはらえなくなってしまいました。
　啄木はくやしい思いで、ふるさとに手紙を書きました。
　父がおどろいて上京してきました。
「こんな生活をしていたら死んでしまう。さあ、渋民村に帰ろう」
　啄木の目から、なみだがあふれました。
　はじめて味わった現実生活のきびしさ、人の世のつめたさ、わずか３か月のあいだに、東京という大都会が啄木の心にあたえた傷は深いものでした。

●渋民村

　岩手県の盛岡市からちょっと北に入った渋民村に、宝徳寺という寺があります。この寺が啄木の家でした。
　父は石川一禎というお坊さんです。啄木が生まれたのは、もっといなかの日戸村ですが、２歳のときに渋民村に越してきましたから、啄木にとってふるさとは渋民村です。のちになって、啄木は渋民村をなつかしんだ歌をたくさんつくりました。

　　かにかくに渋民村は恋しかり
　　おもひでの山
　　おもひでの川　　　　　　　（一握の砂）

　　やはらかに柳あをめる
　　北上の岸辺目に見ゆ
　　泣けとごとくに　　　　　　（一握の砂）

　ふるさとの美しい自然や家族、そして恋人の堀合節子のやさしい心づかいに守られて、啄木のからだはどんどん健康をとりもどしていきました。元気になるにつれて東京での失敗が思い出されくやしさがこみあげてきます。
「そんならこの渋民村で文学者としての修業をしよう」
　学校にも行かず、北上川のほとりをぶらぶら歩きま

かにかくに渋民村は恋しかり
思い出の山
思い出の川

わっている東京がえりの啄木を、村のひとは決して良くは思いませんでした。
「宝徳寺の一さんは、変わってしまったなあ」
「村の神童といわれるほどできの良い子だったのに、盛岡の中学を退学したということだ」
「女っことならんで歩いたりして……不良少年みてえだ」
　いちばんはらはらしたのは両親です。4人きょうだいの中のたったひとりの男の子なので、啄木にかける期待は大きかったのです。しかし甘やかし方もたいへんなものでした。

「いいよいいよ、一さんがそうしたいんなら」
それが母の口ぐせでした。
こうした平和な生活の中で、啄木は詩を書きました。渋民村の自然、節子への愛、それはつぎつぎに詩となりノートを満たしていきました。もちろん作品は『明星』へ送りました。東京の詩人たちは、だんだん啄木の歌や詩に関心を示すようになりました。
「石川啄木とはいったいなにものだろう」
「名のある詩人が、別名で書いてるんじゃないか」
「それにしては若わかしいうたいっぷりだなあ」
東京での評判を、鉄幹が手紙で伝えてくれます。
それを読むと、啄木はやっぱり東京に出たくてしかたがありません。
しかし、これ以上、両親にめいわくはかけたくないのです。かといって、東京に行く費用をどうやって啄木につくれるというのでしょう。
「詩集！そうだ詩集を出そう。そうすればまとまったお金がはいるだろう。生活の見通しがつけば、節子さんと結婚もできる」
いちど心に決めると、いてもたってもいられなくなるのが啄木の性格です。さっそく、わけを話して両親から前借りをすると、再び東京にむけて出発しました。

　1904年の10月、はじめての上京からちょうど2年のちのことでした。

●詩集はでたけれど

　啄木のはじめての詩集『あこがれ』が出版されました。
「これで、節子さんをよんでいっしょに暮らせるぞ」
　啄木はとくい顔です。詩集の評判はとてもいいのです。ところが思ったほど売れません。苦労して詩を書いても入ってくる原稿料などほんとにわずかなものでした。
　生活費がどんどんなくなっていきます。
　たいせつにしている本を質屋に入れて、少しばかりの

金にかえ、原稿用紙やはがきを買います。ついに質に入れるものがなくなってしまうと、金田一京助の下宿を訪ねて金を借り、夕食をごちそうになることがたびたびでした。京助は、盛岡中学の先輩です。家がゆたかで、仕送りを受けながら東京大学に通っていました。

　啄木は、この先輩をとてもうらやましく思い、金田一京助の方では、啄木の文学的才能にひかれていました。

　金田一京助は、のちにアイヌ語の研究者として広く知られるようになります。

　啄木は、苦しいやりくりのなかからはがきをせっせと買いこみ、盛岡の恋人、節子にほとんど毎日たよりを出しました。節子は啄木と同い年です。音楽学校を卒業して学校の先生をしながら、啄木との結婚の日を待っていました。

●未来を信じて

『あこがれ』を出すにあたって、啄木の力になってくれたのは与謝野鉄幹・晶子夫妻でした。

　与謝野家では、百首歌会を行なっていました。詩人たちが集まり、一晩のうちに歌を百首つくるのです。

　はじめのうち、啄木はのり気ではありませんでした。
「ぼくは詩人だ。短歌は詩作でつかれた心を休める慰みものにすぎない。短歌はぼくにとって悲しい玩具だ」

　玩具とはおもちゃのことです。おもちゃで遊ぶように啄木は短歌を遊びのつもりで気らくに作ったのです。
　百首歌会の中で、いちばんはやく、いちばんたくさんできるのは、いつも啄木で、そのつぎが与謝野晶子でした。文学への熱い思いが、若い啄木の心をつき動かし、それが歌となってほとばしり出てきたのでしょう。啄木は、このころから詩人としての将来が約束されているようで、気持ちが大きくなってくるのでした。
　金田一京助が本を売って、啄木のために作ってくれたお金で、高価な花びんとオミナエシの花を買ってしまったのもこのころです。

「うん、石川くんらしいよ。なかなかいいじゃないか」
　京助はおこりもせず、啄木に一銭も残ってないことを知っていて、夕食をごちそうしてくれるのでした。

●不幸のはじまり

　そのころ、渋民村の宝徳寺では、たいへんなことが起こっていました。父の石川一禎が、寺の総本山におさめなければならないお金を、生活に使いこんでしまったため寺を追い出されてしまったのです。寺の住職をやめてしまったら、もう、お金の入るあてはありません。
　父と母、妹の光子の生活を支えていく役めが、とつぜん啄木におそいかかってきました。
「もう少し東京にいたら、ぼくも有名になって、生活もできるようになるのになあ……」
　東京に心のこりがするもののしかたがありません。節子の家でも、結婚の準備をして、啄木の帰ってくるのを待っています。節子を迎えれば、5人のくらしを啄木がみなければならないのです。はたちそこそこの啄木にとって、どんなに気の重いことだったでしょう。
　結婚式が5月30日に決まりました。節子の家や友人たちが用意をととのえ、親せきじゅうが盛岡に集まって啄木の帰りを待っていました。ところが、啄木は、いつ

までたってもすがたを現わしません。
　とうとう、おむこさんのいない結婚式になりました。
　節子はなみだをうかべ、節子の父親は腹をたてています。啄木の両親は、ただただ申しわけなくて、まわりの人びとにあやまり通しでした。
　ちょうどそのころ、渋民村の宝徳寺の境内に、よれよれのはかまをつけて、ふろしきづつみをかかえた啄木がぼんやり立っていました。少年時代の思い出がいっぱいある宝徳寺の庭です。空き家になってしまった寺はしんとしていて、木立では小鳥たちがさえずっています。
　自分の結婚式に出ずに、渋民村の宝徳寺にもどってき

て、啄木はいったい何を考えていたのでしょうか。

●流浪の旅

　節子を家族にくわえた石川家は、渋民村の農家に部屋を借りました。啄木は小学校の代用教員になりますが、古いやり方の校長とけんかをし、1年でやめてしまいました。村に住みにくくなった家族は、追われるようにして渋民村を出ていきます。このときから、啄木とその家族の苦労の旅がはじまるのです。
　友人をたよって北海道にわたった啄木は新聞記者になります。しかし、正義感の強い一本気の啄木は、どこでも上役としょうとつしてしまい長くは続きません。1年たらずのあいだに、函館、札幌、小樽、釧路と、まずしさとたたかいながら転てんと流浪して歩きます。
　ゆうふくな寺のひとり息子として甘やかされて育った啄木です。この1年の苦しさはひととおりではありませんでした。
　「こんなことをしていたらだめになってしまう。このままうもれてしまうのはいやだ。東京に行きたい！」

● 27年の生涯

　函館の友人に家族をあずけると、まるで逃げるように

ふるさとの訛なつかし
停車場の人ごみの中に
そを聴きにゆく

　して啄木は上京しました。北海道でのつらい体験のあと啄木は人間として強く大きく成長していました。食べることに困っていない文学者たちの文章が、とてもうすっぺらに思えるのです。啄木は生活に根ざした小説や評論を書くことに、それこそ心血を注ぎました。
　しかし、貧しさと病苦は、啄木の大成を待たずに、たった27歳の命をうばい去ってしまいます。
　小説家としては未完成の啄木でしたが、うそのない心を、誰にでもわかりやすいことばでうたいあげた短歌は、おおくの人の心をゆさぶりました。啄木の歌集は永遠の青春の書として読みつがれていくでしょう。

寺田寅彦 (1878—1935)

　すぐれた物理学者であるばかりでなく、随筆家としても名高い寺田寅彦は、西南戦争が起こった次の年に、陸軍につとめる会計官の子として東京で生まれました。でも父が何度も転勤したので、少年時代は、ほとんど、父の郷里の高知で育ちました。

　小学生のころは、虫とりと、顕微鏡をのぞくことと、読書がすきでした。学校の授業は、からだが弱かったので体育がにがてでした。それに、算数もきらいでした。夏休みに、両親のいいつけで算数を習いに行くことになったときは、べそをかいていたということです。

　中学校の入学試験には、いちど失敗してしまいました。そして、ぶじに入学してからも、勉強にはあまりむちゅうにならず、ますます本を読みふけるかたわら、外国からつたわってきたばかりの野球などを楽しみました。

　18歳で高知に別れをつげて熊本第五高等学校へ進み、3年ごには、東京帝国大学へ入学しました。

　寅彦が物理学者になる決心をしたのは、高等学校で田丸卓郎教授の教えを受けて、物理学と数学のおもしろさを知ってからのことです。寅彦は先生にめぐまれました。高校時代に夏目漱石に出会ったこともそうです。漱石からは英語をおそわっただけではなく、俳句を習い、文学の話を聞いて人間を深めました。

　寅彦は、そのご生涯、漱石を先生とあおぎました。のちに、吉村冬彦、藪柑子などの名で名随筆を書くようになったのは、青春時代に、大文学者漱石にめぐり会えたからです。

　大学でも、田中館愛橘、長岡半太郎など、日本の科学をきり

開いた物理学者の指導を受けることができた寅彦は、大学院を卒業するとそのまま東京帝国大学へ残って、講師から助教授、教授へと進みました。また、水産講習所で海洋学を教えたほか、航空研究所、理化学研究所、地震研究所などにも研究室をおいて、はばの広い研究活動をつづけました。

寅彦は、大きな発明や発見を追いかける物理学者ではありませんでした。おもに、実験してものをたしかめる実験物理学に力をそそぎ、研究は地味でした。しかし、その独特な研究のしかたで、おおくの学者や研究者を育て、日本の物理学の発展に大きな功績を残しました。

いっぽう『冬彦集』『藪柑子集』『万華鏡』などの随筆集も、数おおく残しました。真実を求める科学者の目で、自然、社会、人間を見つめた随筆は、名作小説もおよばない光を放ち、いまも、寅彦随筆集として広く読みつがれています。

吉田 茂 (1878—1967)

　日本は、太平洋戦争に敗れた1945年をさかいに、それまでの軍国主義を捨て、民主主義国家をめざして歩みはじめました。
　吉田茂は、このとき、およそ8年のあいだに5度も内閣の首相をつとめ、新しい日本のスタートに力をつくした政治家です。
　1878年に、高知県出身の政治家竹内綱の5男として生まれ、幼いうちに横浜の吉田家の養子となった茂は、学習院に学んで東京帝国大学へ進み、28歳で大学を卒業すると外務省へ入りました。そして、そのご約30年は、ひたすら、外交官として活躍をつづけました。
　茂が50歳をすぎたころから、日本は、中国や東南アジアへの侵略を考え始めました。しかし、イタリア大使、イギリス大使などをけいけんして外国の事情に明るかった茂は、日本が戦争への道を進むことには反対でした。戦争が始まってからも和平をとなえ、そのため憲兵隊にとらえられたこともありました。
　戦争が終わったつぎの年の1946年に、吉田茂内閣が生まれました。その年の総選挙で日本自由党が政権をにぎると、それまで平和外交の信念をつらぬきとおしてきたことが、おおくの人にみとめられて、党の総裁に迎えられたのです。
　終戦後の日本の政治は、アメリカなどの占領軍の考えにそって進めなければなりませんでした。戦争に負けたからです。茂は、荒れ果てた日本を見わたして、第一歩をふみだしました。
　まず、第九条に「日本国民の戦争放棄」をうたいあげた、新しい日本国憲法を制定しました。また、真理と平和を愛する国民を育てるための教育基本法を定め、中学校までを義務教育

にする六・三・三・四制の教育制度を発足させました。
　いっぽう、それまでの地主制をあらためる農地改革法によって、貧しい農民でも土地がもてるようにしたほか、労働基準法を定めて、労働者の権利が守られるようにしました。
　歴史に大きく残っているのは、サンフランシスコにおける対日講和条約の調印です。1951年9月、日本の代表として講和会議にのぞんだ茂は、アメリカをはじめ48か国と平和条約をむすび、日本を、ほんとうの独立国家として出発させました。
　吉田内閣は、いちじは、労働運動や共産主義に弾圧をくわえるなど、民主主義にそむくこともおこないました。また、アメリカと安全保障条約をむすび、やがて自衛隊をつくるなど、そのごに大きな問題を残した政治も進めました。しかし、そのような政治への批判はあっても、日本を敗戦から復興へみちびいた功績によって、信念ある政治家としてたたえられています。

河上 肇 (1879—1946)

　明治時代の中ごろ、栃木県の足尾銅山の毒が渡良瀬川に流れて、おおくの人が死亡したり失明したりする事件が起こり、その被害者を救うための演説会が東京で開かれたときのことです。
「わたしは、お金を持っていません。これを、きのどくな方へ」
　ひとりの大学生が、自分の着ていたものをぬいで、会の人へさしだしました。そして、さらに翌日には、身につけていた以外の衣類をまとめて、会へ送りとどけました。やがて、ふとしたことから、その大学生の名まえがわかりました。東京帝国大学で政治や経済学を学ぶ、22歳の河上肇でした。
　肇は、山口県の岩国で生まれました。
　少年時代は、医者か文学者になる夢をいだいていました。ところが、吉田松陰を深く尊敬していた肇は、しだいに、広く国の政治について考えるようになり、大学では政治学科へ進みました。足尾銅山鉱毒事件の被害者へ衣類をさしだしたとき、肇の心には、きっと、めぐまれない人びとのために力をつくそうという気持ちが、芽生え始めていたにちがいありません。
「世の中の貧しい人びとを救うには、どうしたらよいのか」
　大学を卒業して6年ご、京都帝国大学で経済学を教えるようになった肇は、貧しい人をなくすための経済のしくみについて、研究をつづけました。ヨーロッパへ留学して外国の社会主義を学んでくると、マルクス主義の研究も深めました。
　1916年、大阪朝日新聞に『貧乏物語』を連載して、大ひょうばんになりました。
「貧乏人は、どれくらいいるのか。なぜ貧乏があるのか。ど

うしたら貧乏がなくなるか」

　こんなことをまじめに世に訴えた学者は、肇のほかには、だれもいなかったからです。肇は、新聞の連載をまとめた『貧乏物語』のほか、次つぎに経済学の本を出版して、45歳をすぎたころには、日本におけるマルクス主義経済学をうちたてました。

　49歳で大学をしりぞき、やがて共産党へ入って、じっさいに自分のからだで社会主義運動を始めました。

　ところが、53歳のときに、共産党をとりしまる国の力でとらえられ、5年のあいだ、牢獄ですごさなければなりませんでした。このとき検事から、共産主義の考えを改めれば刑をゆるすと、なんどもいわれました。でも、肇は、自分の信念をかえようとはしませんでした。

　肇は、1946年に栄養失調で亡くなりました。それは、戦争にやぶれた日本が、民主主義国家として歩み始めた年でした。

滝 廉太郎 (1879—1903)

「あっ、オルガンがある！」

だれもいない音楽室をのぞいた廉太郎は、思わずさけびました。明治時代の中ごろでは、オルガンはめずらしい楽器だったからです。

廉太郎は、すいつけられるように音楽室へ入って、そっと、オルガンに手をのばしました。するとそのとき、先生が現われました。廉太郎は、いそいで手をひっこめました。きっと、しかられると思ったからです。ところが、先生は、自分で曲をひいてみせると、廉太郎に「さあ、やってみろ」と、いってくれました。先生のやさしいことばに、廉太郎は、オルガンにとびつきました。そして、5、6回くり返すうちには、さっきの先生の曲を、じょうずに、ひけるようになってしまいました。

おどろいたのは先生です。やがて、先生の教えをうけた廉太郎は、学校の式では先生のかわりに『ほたるの光』などを、ひくようになりました。

これは、役人の子として東京で生まれた滝廉太郎が、10歳のころ、父の転勤にともなって大分県へひっこし、竹田高等小学校へ編入学したときの話です。家に、バイオリンやアコーデオンがあり、自分でもハーモニカや尺八が吹けた廉太郎は、幼いころから、音楽にしたしんで育ちました。

15歳の年、廉太郎は、わが子を音楽の道へ進ませることには反対だった父を説きふせて、東京の、高等師範付属音楽学校へ入学しました。むずかしい試験を突破した合格者のなかで、いちばん年下でした。しかも、このとき入学した30数人のう

ち4年ごにいっしょに卒業できたのは、わずか7人でしたから、廉太郎の才能がどんなにすぐれていたかがわかります。

廉太郎は、卒業ご、さらに音楽学校の研究科へ進み、自分は作曲を学びながら、学生たちにピアノを教え始めました。文部省が募集した中学唱歌に、廉太郎が応募した『荒城の月』『箱根八里』『豊太閤』の3曲全部が入選したのも、このころです。

「日本の曲と、日本の詩が美しくとけあった歌を……」

廉太郎は、そのころ外国の曲に日本の詩をつけた歌が流行し始めていたなかで、西洋音楽のすぐれたところはとり入れながら、日本人の心に訴えかける日本の歌を求めたのです。

ところが、22歳でドイツへ留学した廉太郎は、その異国の地で結核にたおれ、つぎの年に帰国すると、あっけなく、短い生涯を終えてしまいました。歌曲、ピアノ曲のほか『鳩ぽっぽ』『お正月』などの童謡も残して、人びとに惜しまれながら……。

小山内 薫 (1881—1928)

　1923年の関東大震災で、東京は焼け野原になりましたが、次の年、その東京の築地に、わが国で初めての、新劇専門の築地小劇場が誕生しました。小山内薫は、この劇場を演出家の土方与志と力をあわせて建て、日本の新劇運動の発展に力をつくした劇作家です。

　広島で軍医の家に生まれ、東京帝国大学へ進んだ薫は、学生時代から小説、戯曲、劇の評論などを書き、早くから、たくさんの演劇人とまじわりを深めていきました。そして、大学を終えると、まもなく歌舞伎役者の2世市川左団次と手をむすんで劇団「自由劇場」をつくり、新しい演劇運動にのりだしました。

　明治時代の終わりのころの演劇には、歌舞伎と新派劇のふたつがありました。新派劇は、歌舞伎にくらべると新しいものでしたが、それでも役者には歌舞伎役者を使うなど、歌舞伎のえいきょうの強いものでした。

　自由劇場の第1回の公演で、ノルウェーの劇作家イプセンの劇を上演した薫は、歌舞伎でも新派劇でもない、もっと人間のありのままの心を表現する自由な演劇を生みだすことを、夢にえがいたのです。「自由劇場」は、そのご、ゴーリキーやチェーホフなどロシアの作家が書いたものや、日本の新しい劇の上演を続け、いっぽう薫は、ロシア、ドイツ、イギリスなどをたずねて外国の新しい演劇を学びました。しかし、劇場は、新劇の役者が育たなかったことや、上演の資金にゆきづまったことなどから、およそ10年で幕をおろさなければなりませんでした。

　「新劇のための演劇学校がほしい」このように考えていた薫は、

築地小劇場をつくると、ふたたび立ちあがりました。
　築地小劇場は、500人ほどの人しか入れない、文字どおりの小さな劇場でしたが、薫は、これを「演劇の実験室」と呼び、東洋の演劇と西洋の演劇をとけあわせて日本の新しい劇を育てていくことに、いどみました。
　ところが、初めの数年間は、外国のほん訳劇ばかりを上演したため、日本の劇作家や小説家たちから「日本の劇をばかにしている」と、ののしられました。やがては日本の劇も上演するようになりましたが、日本の新劇が芽をだし始めたばかりの時代では、ほん訳劇が中心になるのはしかたのないことでした。
　薫は、西洋の劇をみごとに演出してみせることによっても、日本の演劇界に大きなえいきょうをあたえ、また、おおくの名俳優も育てて、47歳で亡くなりました。薫は、いまも、日本の新劇の父とたたえられています。

斎藤茂吉 (1882—1953)

　斎藤茂吉のはじめての歌集『赤光』が一躍有名になったのは、「母の死」をせつせつと歌った一連の作品が、人びとの心に深い感動を与えたからです。「みちのくの母のいのちを一目見ん一目見んとぞただにいそげる」「死に近き母に添寝のしんしんと遠田の蛙天に聞ゆる」「我が母よ死にたまひゆく我が母よ我を生まし乳足らひし母よ」。

　山形県の蔵王山のふもとに、農民の子として生まれ育った茂吉は、子どものころには「絵かきか坊さんになりたい。それがだめなら農民になる」と口ぐせのように言っていました。少年のその夢がまったく違った方向に動き出したのは、茂吉が14歳のときでした。東京の開成中学に入学し、斎藤紀一という医者の世話になることになったからです。一高、東京帝国大学（いまの東京大学）へと進んだ茂吉は、斎藤紀一の信頼を受け、斎藤家の養子になりました。養父の病院を継ぐという大きな役めをせおってしまいました。無口で努力家の茂吉は、なかば周囲の人によって決められてしまった自分の進路に反対することもなく、もくもくと勉強に力を注ぎました。そして医師の試験にみごとにパスし、若くして精神科の医者になりました。ドイツ、オーストリアの留学から帰ってのち、44歳で養父の青山脳病院のあとを継ぎ、62歳までの18年間、院長をつとめました。

　医学の勉強のかたわら、茂吉が短歌をつくりはじめたのは一高のころです。正岡子規の『竹の里歌』という歌集にたいへん心動かされ、それから子規のまねをして歌をつくるようになりました。子規のでしの伊藤左千夫の門にはいったころから茂吉

の歌は注目されるようになり、『馬酔木』『アララギ』という同人雑誌にさかんに歌を発表しました。『赤光』は、そのころの歌を集めた第1歌集です。そのご『あらたま』『つゆじも』など、一生のあいだに17もの歌集を出しました。そのほか、歌論、評論、随筆、古典研究など多方面にわたって活躍しています。

　茂吉は、『短歌写生の説』という本のなかで「生」を写すことが歌だといっています。自然のいとなみ、人間のいとなみ、その生きたすがたを歌ってこそ真の短歌であると説いたのです。一生の大半を東京で過ごしましたが、茂吉のなかには山形農民の土のにおいがあり、それが茂吉の歌にたえず生命を吹きこむもととなっていました。

　どくとるマンボウの名で親しまれている作家の北杜夫は、茂吉の次男で、青山脳病院をモデルにして『楡家の人びと』という小説を書いています。

高村光太郎 (1883—1956)

　東京の上野公園の入り口に、西郷隆盛の銅像がたっています。
　犬をつれた西郷さんは、左腰に刀をつけ、大きなおなかをつき出して、かっと両眼を見開いています。
　あるとき、ひとりの青年がこの銅像を見上げて言いました。
「ふん、なんてぐれつなんだ。魂のぬけがらだ。人形にすぎん」
　青年の名は高村光太郎。この銅像を造った彫刻家高村光雲の長男です。3年間の留学生活を終えて日本に帰ってきたばかりでした。ヨーロッパのダイナミックな芸術や文化から受けたショックがあまりにも大きく、日本で目にするものすべてに絶望していました。父の作品にきびしい目を向けたばかりではなく日本の美術について、かたっぱしから批難しました。
「日本の芸術には個性がない、主張がない。こぢんまりとまとまっているばかりで、そこに熱い血が流れていないんだ……」
　フランスで光太郎をとらえたのは、美術作品ばかりではありません。ベルレーヌやボードレールの詩に、日本の文学青年はすっかりとりこにされてしまったのです。
　帰国すると光太郎はさかんに詩を書き出し、スバルというグループを結成しました。森鷗外、吉井勇、北原白秋などもいっしょで「常識や古い習慣をうち破り、自分の考えを大切にした芸術を生み出そう！」と意気ごみました。
　新しい考え方は、いつも古いしきたりのなかでは白い目で見られがちです。スバルは、まるで不良グループのように思われました。そうしたきままなやりかたを「デカダン」とよんで、一部の人びとはきらいました。

　光太郎は、のちに妻とした智恵子と出会ったころから「デカダン」から遠のき、すっかり変わってしまいました。彫刻に専念し詩作にふけり、智恵子を通して、生きる喜びを歌うようになっていったのです。智恵子は画家をめざしていました。同じ方向にむかってたがいに助けあうふたりには、貧しくとも満ちたりた生活がありました。

　しかし、結婚して17年め、智恵子は精神病にかかり、7年間病気とたたかいながら、ついにかえらぬ人となってしまいます。

　智恵子を歌った歌は『智恵子抄』として出版され、おおくの人に感銘を与えました。

　智恵子の死後、74歳までの孤独な生活の中で、光太郎は彫刻家としての仕事はあまりしていません。

　晩年、十和田湖畔の『乙女の像』を造りました。湖畔に立つ女性像は智恵子によく似ていると評判になりました。

志賀直哉 と 武者小路実篤
（1883—1971）　　（1885—1976）

　1910年（明治43年）、学習院高等科出身の文学グループを中心にして『白樺』という文芸雑誌が創刊されました。その中心になったのが志賀直哉と武者小路実篤です。ふたりともまだ東京帝国大学の学生でした。どちらも、名門の家がらで経済的には恵まれていましたが、直哉は12歳のときに母を失い、実篤は、わずか3歳で父と死別しています。

　直哉は、新しい母がとても気に入り、生母の死の悲しみからすぐに立ち直ることができました。しかし、10代のおわりころに、いくつかのできごとが重なって父と激しく衝突し、対立は16年もつづきました。父とのあいだに和平がもどったとき、直哉は34歳になっていました。1917年に発表された『和解』という小説にそのようすがくわしく描かれています。

　『小僧の神様』をはじめ『城の崎にて』『灰色の月』など、志賀直哉は短編をおおく書いた作家ですが『暗夜行路』は、16年という歳月をかけて仕上げた長編の自伝的小説です。作者自身「生命を打ちこんで書いた」といっている作品だけに、大正、昭和を通じておおくの人びとに強い影響を与えました。

　武者小路実篤は直哉よりふたつ年下ですが、直哉が学習院の中等科で2度落第したため同級になり、しだいに親交を深めていきました。

　実篤は若いときにトルストイに夢中になり、かたかなのトという文字を見ただけで興奮してしまうというほれこみようでした。「からだを使って労働するのは人間の義務である」というトルストイの主張は、食べるに困らない子しゃくの家に生まれ

た実篤に大きなショックを与えました。みんながみんなのためにはたらくというトルストイの思想を旗じるしにして、実篤は、36歳のときに、理想郷「新しき村」を創設します。

　宮崎県の山中に同志が集まり、農作業や芸術創造に打ちこむ生活は、当時の人びとの注目を集めました。ここで『幸福者』『友情』などの代表作が世に出ました。しかし、はじめに予測したほど順調な進展をみせず、実篤は7年あまりの努力ののち、同志を九州に残したまま村を離れ、いったん奈良に落ちついて文筆生活に専念します。村はのちに埼玉県に移されました。

　求道的ともいえる精神で幸福を追いつづける姿勢は、実篤も直哉も同じでした。

　自然主義文学がいきづまりつつあるときに、直哉と実篤は、文壇の天窓を開け放ってさわやかな空気を入れたといわれています。

山本五十六 と 東条英機
(1884—1943)　　　　(1884—1948)

　第2次世界大戦のうち、日本がアジアに進出して、アメリカ、イギリス、中国などの連合国と戦った戦争を、とくに太平洋戦争とよびます。山本五十六、東条英機は、日本が、この太平洋戦争を進めたときの海軍大将と陸軍大将です。

　1884年に新潟県で生まれ、海軍兵学校、海軍大学校を卒業して55歳で連合艦隊司令長官になった五十六は、日本がアメリカと戦うことには反対でした。2度もアメリカの日本大使館につとめたことがあった五十六には、アメリカの力の大きさがわかっていたからです。1940年に、日本がドイツ、イタリアと軍事同盟をむすぶことになったときも「それではアメリカ、イギリスを敵にまわすことになってしまう」と言って反対しました。

　しかし、1941年12月、日本はついに戦争の火ぶたを切ってしまいました。

「戦争が長びけば日本は負ける。早く敵に打撃をあたえて、アメリカ国民たちに戦争をつづける気をなくさせることが第一だ」
　五十六は、このように考えて、ハワイの真珠湾奇襲攻撃を成功させました。また、2日ごのマレー沖海戦でも勝利をおさめました。しかし、開戦からわずか半年のちには、日本海軍はミッドウェー海戦で敗れ、五十六は1943年4月に、南の空で戦死してしまいました。飛行機で前線をしさつのとちゅうでした。

　1941年10月、内閣総理大臣近衛文麿をしりぞけ、新しく内閣をつくって日本を戦争へ引きずりこんだのが、東条英機です。

　五十六と全く同じ年に東京で生まれた英機は、陸軍士官学校、陸軍大学校を卒業して、中国大陸への侵略を進めてきたのち、

近衛内閣では陸軍大臣をつとめていました。
　東条内閣をうちたてた英機は、総理大臣、外務大臣、内務大臣、陸軍大臣、さらにのちには文部大臣、商工大臣までも兼務して、まるで軍人独裁者のような力をふるいはじめました。真珠湾攻撃などの勝利が、英雄気どりにさせたのでしょうか。
　五十六の死ご負け戦がつづいても、国民に「心をひとつにして国のためにつくせ」と叫んで、むりやりに突っ走りました。しかし、少年少女から大学生たちまで戦争にかりたてても、勝利へみちびくことはできず、1944年7月には内閣総辞職へ追い込まれてしまいました。
　戦争は、それからおよそ1年ごに、広島と長崎への原爆投下で終わりました。そして英機は、最高の戦争犯罪人のひとりとして極東国際軍事裁判でさばかれ、1948年に絞首刑になりました。亡くなったとき、五十六が59歳、英機は64歳でした。

北原白秋（1885—1942）

　福岡県の南部に、柳川という、むかしの城下町があります。いくすじもめぐる水路に柳が影をうつす、美しい町です。
　詩人北原白秋は、1885年に、その柳川で生まれました。家は、古い土蔵の倉が並んだ大きな造り酒屋でした。
　白秋は、少年時代から文学がすきでした。小学生のころから『竹取物語』や『平家物語』などを読みふけり、中学校へ進むと、詩を愛するようになりました。16歳のときには、友人と詩や短歌の雑誌を作りました。隆吉というほんとうの名まえのかわりに、白秋という名をつけたのは、このころです。
　やがて、投稿した短歌が新聞や雑誌にのるようになり、白秋は、文学の道へ進むことを、はっきり心に決めました。
　ところが、白秋に家をつがせることを考えていた父は反対でした。でも、どんなに反対されても決心は変わりませんでした。
　中学校の卒業が目の前にせまった、ある日、白秋は、ついに学校を退学して東京へ旅立ちました。このとき、母と弟は、父にかくれて、荷づくりをてつだってくれました。
　19歳で東京の空の下に立った白秋は、早稲田大学へ入りました。しかし、およそ1年ごには、退学してしまいました。大学の雑誌の懸賞で1位になった詩が、そのころの大歌人与謝野鉄幹にみとめられ、文芸雑誌『明星』を発行する新詩社にむかえられたのです。そして『明星』に詩や短歌を発表するようになると、またたくまに、みずみずしさをたたえた詩人として、広く注目されるようになりました。
　そのごの白秋は、高村光太郎、谷崎潤一郎、石川啄木らといっ

しょに、美の世界を深く見つめる新しい文学運動をつづけながら、『邪宗門』『思ひ出』『水墨集』などの詩集を、次つぎに発表していきました。

　また1918年に、鈴木三重吉によって児童文芸雑誌『赤い鳥』の発行が始まると、新しい詩人の指導にあたりながら、自分も童謡を書くようになりました。生涯のうちに書いた童謡は『赤い鳥小鳥』『あわて床屋』『雨』『ちんちん千鳥』『からたちの花』など、800編をこえています。これほどたくさんの童謡を作れたのは、けがれのない童心をたいせつにする心が、白秋のなかに、いつもあったからです。

　詩と童謡を愛した白秋は、31文字でつづる短歌も深く愛しつづけ『桐の花』『雀の卵』などのすぐれた歌集も残して、日本が太平洋戦争を始めた次の年に、57歳で亡くなりました。美しいことばを自由にあやつった詩人でした。

谷崎潤一郎 (1886—1965)

　盲目の春琴と、春琴に永遠の愛をささげるために自分も自らの手で目を刺しつぶして生きる佐助の、清らかな愛をえがいた『春琴抄』。落ちぶれた商家で、鶴子、幸子、雪子、妙子の4人姉妹がわびしくても平凡に生きていこうとするすがたを、まるで絵巻物のようにえがきあげた『細雪』。
　谷崎潤一郎は、このような美の世界の名作を、明治、大正、昭和の半世紀にわたって書きつづけた作家です。
　幼いころの潤一郎は、町でもひょうばんの美しい母に、やさしく育てられました。いつも甘やかされ、小学校へあがったときも、ばあやがついてこないと学校へも行けないほどでした。
　ところが、父の仕事が、しだいにうまくいかなくなり、東京府立第一中学校へ入学してからは、家庭教師として他人の家へ住みこまなければ、学校へ通えないほどになってしまいました。
　19歳で第一高等学校へ、22歳で東京帝国大学へ進みました。中学生時代から文章を書き始めていましたが、「作家になろう」と決心したのは、高等学校3年生のころでした。
　大学へ入って3年めに、劇作家の小山内薫らと文芸雑誌『新思潮』（第2次）をだし『刺青』『麒麟』などの短編小説を発表しました。そして、1年ごには、流行作家の永井荷風の目にとまってほめられ、25歳の潤一郎はまたたくまに、新進作家として注目されるようになりました。しかし、このときすでに大学は、授業料が払えずに退学になっていました。
　荷風にみとめられたことは幸いでした。でも、それは偶然ではなく、潤一郎が、たとえ人間の性をえがいても、それを美の

世界へ高めることのできる力を、もっていたからです。やがて発表した『痴人の愛』も、ふしだらな性の世界をえがいたものでしたが、ひとつの美を見つめたものとして、たいへんな人気をよびました。

　1923年、関東大震災が起こると関西へ引っ越しました。このころから『盲目物語』『蘆刈』『春琴抄』など、日本の古い文学の伝統をとり入れた作品をおおく書くようになり、50歳をすぎると『源氏物語』を現代語に書きなおす大事業を完成して、その功績と文章の美しさがたたえられました。

　『細雪』を発表したのは、このあとのことです。『細雪』がでると、作家潤一郎に、いくつもの文化賞といっしょに文化勲章がおくられました。

　潤一郎は、そのごも『鍵』『瘋癲老人日記』などの独特の名作を書き残し、1965年に亡くなりました。79歳でした。

山田耕筰 (1886—1965)

「からたちの花が咲いたよ、白い、白い、花が咲いたよ」
　この北原白秋の詩『からたちの花』の作曲者として知られる山田耕筰は、明治時代のなかごろ、東京で生まれました。父も母も、キリスト教を信仰するクリスチャンでした。
　家でオルガンや賛美歌を聞いて育った耕筰は、幼いころから音楽がすきでした。町を軍楽隊が通るときは、心をはずませて、どこまでもついて行きました。
　耕筰が9歳のときに父が亡くなると、父がいい残したことを守って、印刷工場と夜学校がひとつになったキリスト教の勤労学校へ入れられました。母ともはなれて、ひとりぼっちです。毎日、小さなからだではたらきつづけ、つらくなったときは学校のまわりのカラタチの垣根のかげで、そっと泣いたということです。このときの思い出が、のちに名歌曲『からたちの花』を生んだのでしょうか。
　13歳のとき病気になり、家へ帰りました。そして、まもなく、イギリス人のもとへ嫁いでいた岡山の姉のもとへ行き、義兄から、音楽や英語を学び始めました。
　耕筰が、ほんとうに音楽の道へ進むことになったのは、18歳の年に母を亡くしてからです。母は、耕筰が胸のなかで音楽家への夢をあたためていることを、早くから知っていました。その母の、亡くなるときのこころざしで、東京音楽学校(いまの東京芸術大学)へ入学することができたのです。
　1908年に、すばらしい成績で音楽学校を卒業した耕筰は、2年ごには、日本人で初めてドイツのベルリン国立音楽学校へ

留学して、4年のあいだ作曲を学びました。そして、28歳で帰国したときには、すでに、歌曲、交響曲、歌劇曲などに才能をしめす、すぐれた音楽家になっていました。

1915年には、日本で初めての交響楽団「東京フィルハーモニー管弦楽部」を結成しました。また、1917年にはアメリカへ渡り、カーネギー・ホールでニューヨーク交響楽団などを指揮して、自分の曲の発表をおこない、大成功をおさめました。

耕筰は、日本の交響楽や歌劇の発展に力をつくしました。しかし、最大の夢は、日本のほんとうの国民音楽を育てあげることでした。日本人の心にしみる『からたちの花』『赤とんぼ』『この道』などの歌曲や童謡のなかに、そのねがいがあふれています。耕筰は、日本の美しいことばでつづる、美しい日本の歌を愛しました。1965年に79歳で世を去った耕筰は、日本近代音楽の父として、日本の歴史に大きく名をとどめています。

山本有三 (1887—1974)

「たったひとりしかいない自分を、たった1度しかない一生を、ほんとうにかがやかさなかったら、人間は、生まれてきたかいがないじゃないか」

　名作『路傍の石』のなかで、このように語っている山本有三は、人間が人間らしく生きることを訴えつづけた小説家です。
　栃木県で、小さな呉服商をいとなむ家に生まれた有三は、15歳で高等小学校を卒業すると、父のいいつけで東京の呉服屋へ奉公にだされました。しかし、お客の前だけ笑顔をつくってねこなで声をだす商人たちの生活がいやになり、1年もたたないうちに家へ帰ってしまいました。
　幼いころから芝居と文学がすきだった有三は、上の学校へ進んで、もっと勉強したくてしかたがありませんでした。でも、がんこで考えの古い父は、ゆるしませんでした。
　18歳になったとき、やさしい母のとりなしで、やっと進学の夢がかなえられ、東京へでました。そして、4年ごには第一高等学校へ、さらに25歳で東京帝国大学へ進んで、芥川龍之介や菊池寛らとまじわりながら文学の世界へ入っていきました。
　学生時代は、小説よりも戯曲を書くことにむちゅうになりました。しかし、大学を卒業して数年たっても舞台で上演されるようなものは書けず、なんども、自分の無力さに泣きました。
　ところが、33歳になったとき、劇作家山本有三の名は、いちどに広まりました。「よし、みとめられなくても、おれの言いたいことを書いてやろう」と心に決めて書いた『嬰児殺し』が大評判になったのです。わが子を貧しさのため殺さなければ

ならない社会の悪を訴えたこの物語に、観客も読者もなみだを流さずにはいられませんでした。そののちは『坂崎出羽守』『同志の人びと』などを書いて劇作家の地位をかためました。

　40歳をすぎてからは、長編小説『波』『女の一生』『真実一路』『路傍の石』などを、次つぎに新聞や雑誌に連載して、こんどは、小説家山本有三の名を高めました。

　人間は、命をたいせつにして、真実ひとすじに生きねばならない、と説きつづける有三の小説に、軍隊や警察は怒りました。しかし、有三は文学者の権利を守って、屈しませんでした。

　58歳のときに日本の敗戦を迎えた有三は、そのごは、国語国字問題の研究にも力をつくしました。また、6年のあいだ参議院議員もつとめ、1965年に文化勲章を受賞して、4年のちに、87歳で世を去りました。美しい理想をかかげて生きた有三は、子どものために『心に太陽を持て』という本も書き残しています。

梅原龍三郎 (1888—1986)

　こまかい部分にこだわらない、太く力強い線、かがやくような、ゆたかな色彩。これが梅原龍三郎のえがく油絵の特色です。
　梅原龍三郎は1888年に京都に生まれました。家は大きな染物商でしたので、着物の図案をかいたり染物をする人びとの仕事を見ながら成長しました。そして、自然に絵や色彩にたいする感覚がやしなわれていきました。
　画家になろうと決心したのは、15歳のときです。病気で中学を退学したことが、きっかけになりました。両親は反対しましたが、1度思いたつとやりとげずにはいられないのが、龍三郎の性格です。
　浅井忠の洋画研究所で油絵を学んだのち、1908年20歳のとき、フランスへ留学しました。パリに着いた翌日、リュクサンブール美術館でルノアールの作品を見たことが、龍三郎のこれから進む道をはっきりさせることになりました。
「この絵こそ私が夢にまで見ていた、自分で描きたい絵だ」
　ルノアールはフランスを代表する画家のひとりです。龍三郎は勇気をだして、ルノアールをたずねていきました。
　何度もたずねていくうちに、ルノアールは龍三郎の絵を見てくれるようになりました。
「君には色彩についての才能がある。デッサン（ものの形をとらえること）は勉強することによってうまくなれるが、色彩にたいする感覚は生れつきのものだ」
　ルノアールのはげましの言葉は、龍三郎を勇気づけました。
　フランスでの5年間の勉強ののち、龍三郎は日本に帰ってき

梅原龍三郎画『自画像』『朝陽』

ました。1913年10月、初めての個展を東京で開きましたが、売れたのは1枚きりでした。龍三郎は、日本の油絵がヨーロッパのまねにしかすぎないことに気づかずにはいられませんでした。
「これではいけない。日本独自の油絵を作ろう」
　龍三郎は考えました。しかし、それは、かんたんな仕事ではありません。
　龍三郎は、日本の自然を見つめなおし、日本人でなければかけない油絵を生みだそうと苦心しました。桜島や富士山や浅間山の風景を、また、中国にわたって北京の風景を数おおく描きました。それらの画面は、はなやかな色彩と力強い筆のはこびによって、見る人びとを圧倒します。
　梅原龍三郎は、安井曾太郎とともに「国民画家」といわれ、日本を代表する画家とされています。1952年には、その業績をたたえられて文化勲章がおくられました。

「読書の手びき」

与謝野晶子

与謝野晶子が活躍したのは、今から100年もまえのことです。しかしその年月を感じさせない程、晶子の生き方は、自由奔放で大胆です。晶子より６つ年上の樋口一葉は「女であれば」しかたがないとあきらめて、母や妹の犠牲になりました。同じ明治の女でありながら、晶子はどうしてこんなにも情熱的になり得たのでしょう。堺町人のなかに、むかし港町として栄え、外国の文化をいち早く受け入れた情熱が脈々と流れ続けていたのでしょうか。熱しやすい乙女時代に、鉄幹と出合ったことも大きな要因にちがいありません。子どものころから、いろんな物語を読み、人間のさまざまな生き方を早くから見知ってしまったということもあります。しかし、何よりも、晶子を晶子たらしめたのは、自分にすなおな偽らざる心の持ち主であったことです。晶子の歌集を成立年代にそって読んでいくと、そのことがよく解ります。ロマンチックな恋に恋する初期、恋の成就により己に酔い知れる壮年期、鉄幹の心がつかめず思い悩む中年期、恋も愛も恨みもすべて濾過され、清涼な心境で自然に相対している晩年。晶子の歌は、ずい分大きく変化しています。それは、いつも自分の心を「野晒しに」してきたからに他なりません。晶子の全歌集は、人間の一生そのものだといえます。長いあいだ縛られ続けてきた女性の感情、感覚を、晶子は身をもって解放すべく実践した最前線の戦士です。

石川啄木

啄木の日記は、1902年（明治35年）10月、17歳ではじめて上京するところからはじまり、1921年４月13日、27歳で病死する直前まで、およそ10年間にわたって書かれています。啄木は死を自覚したとき、妻の節子に「この日記は全部やいてほしい」と言いのこしました。１年後に